NOTICE

HISTORIQUE ET GENÉALOGIQUE.

NOTICE

HISTORIQUE ET GÉNÉALOGIQUE

SUR LA MAISON

ARGIOT

SEIGNEUR DE LA FERRIÈRE.

TOULON.

IMPRIMERIE DE DUPLESSIS OLLIVAULT.

1830.

NOTICE

HISTORIQUE ET GÉNÉALOGIQUE

SUR LA MAISON

ARGIOT,

Dressée sur pièces authentiques et les documens de Malte, par nous Commandeurs VICTOR THORON D'ARTIGNOSE *, et* CHARLES DE MONTD'OR *, bibliothécaire-archiviste de l'Ordre, Commissaires aux preuves du Chevalier* JEAN *de la* FERRIÈRE *, assistés pour les renseignemens locaux surtout, de messieurs les Chevaliers Comte* DE ROS *, Marquis* DE MONTFERRÉ *et Chevalier* DE FOLIN *, qui ont signé avec nous.*

LA maison Argiot, Comtes et Vicomtes de ce nom, marquis de la Ferrière, barons de Neuviel et de la Perouse, seigneurs à différentes époques de Sablolier, Forcader, Ossemont, Carlas, Lampredon le Tillet, Vilette, le Villa, la Bouissonne et Combe Sourde issue des anciens Sires d'Argies, est une des maisons de chevalerie les plus anciennes du royaume. Voici l'opinion de maxime à son égard. (1)

« Hæc familia suum nomen castelli Argies
» accepit in Biturige finibus Pictaviensis quod
» diù servaverit. A monarchiæ initiis Argiot
» stirps his sub nominibus Argies cognita et
» in pluribus ramis divisa in Normanià et
» in septentrionalibus Galliæ provinciis flo-
» rebat. Hugues nomine secundus è normano
» ortus ramo cujus princeps erat Hylde-
» brandus se Normaniæ heredi Guichardo de-
» votum ostendit illumque in Italiam secutus
» est. Postquàm Guillaumus, cognomine
» Victor, Roberti filius naturalis, Normaniæ
» imperium usurpasset.

» Mortuus est Hyldebrandus nec alios filios
» reliquit; sic illius ramus in Italiam trans-

---

(1) Veterum chartarum et priscarum traditionum collectio. Deuxieme partie, folio 114, Malte deuxième armoire, septième liasse.

» latus est, ex Hugues vero nomine primo
» exorta est et in Vermandiso potens et nu-
» merosa posteritas.

» Hugues tertius copias misit Hylduini
» episcopi gratiâ adversùs Vitherium Archi-
» arum principem, in dioceso Ambianensis
» illâque in re miserè susceptâ majorem for-
» tunæ partem perdidit.

» Anno millesimo centesimo quinquage-
» simo è contracto Hugues tertium inter et
» Robertum percusso patet Hugues in nup-
» tias duxisse Hessalinam, Alberici Ambli-
» montis principem et Boloniæ comitis in
» exercitibus defuncti filiam. Hugues ᴉᴠ, in
» Philippi Augusti exercitibus, pugnavit si-
» mul cum Golfrido Aymarde vel Adhemardi
» posteà exorta inter illum et Geonem con-
» tensio; pugnatum est et in certamine ce-
» cidit, etc., etc. »

Le savant dom Vareze partage l'opinion de Maxime sur la haute antiquité de la maison Argiot qu'il mentionne parmi les plus
distinguées de la monarchie (1). Wilson de la Colombière qui don-

____

(1) Antiquarum originum collectio. Bibliothèque de St Germain
des Prés.

ne des armoiries aux héros de l'antiquité la plus reculée même aux Argonautes, cite deux connétables de France de cette maison. Charles, en l'an 821, et Hugues, en 1108, qui augmenta le nombre de merlettes des armes d'Argies et les porta de gueules. (*) Sans doute M. de la Colombière fut un généalogiste estimé. Toutefois, les nombreuses erreurs renfermées dans cet article ne peuvent échapper à notre attention. 1.º L'opinion qui fait remonter l'origine des armoiries avant les croisades n'est point dominante ; 2.º la nomenclature des connétables de France ne cite aucun de ces seigneurs. Peut-être existait-il en effet, à ces époques reculées, des chevaliers de la maison Argies connétables de Vermandois, ce qui serait bien différent, à moins que l'expression connétable ne soit prise ici dans le sens qui lui fut long-temps propre, c'est-à-dire, pour comte d'estable ou surintendant des écuries du Roi.

Connétable signifiait aussi le chef d'une connétablie. La vieille histoire de St. Louis en la vie de Louis le Gros dit : « Il ordonna » ses batailles et mit des connétables et des chevaliers : or Louis » le Gros régnait en 1108. » Le Roi Jean, par ses patentes d'avril 1351, plus de deux siècles après, fesant un règlement général pour son armée, ordonna : » que tous piétons fussent mis par » connétablies de trente hommes, et accorda double gage à chaque *connétable*. » Enfin, entre autres prérogatives concédées par

***

(*) Traité de l'art héroique 1669, page 376, n.º 111.

Charles vi , à Jean de Berry, son oncle, fut celle « de créer ou
» destituer des connétables dans les provinces de Berry Poitou et
» Auvergne où il l'avait constitué son lieutenant-général. » (1)

Nul doute que dans ce sens encore, la maison qui nous occupe
ait pu fournir des connétables dans les temps les plus reculés; mais
il y avait loin de cette dignité à celle dont les Rois ont ensuite
honoré le connétable de France.

Quoiqu'il en soit, les généalogistes modernes, riches de nouvelles
recherches historiques, corroborent l'opinion de leurs devanciers
sur l'origine des seigneurs d'Argiot (2). La biographie des hommes
vivants la reconnait (3) et voici comment en parle M. le chevalier
de Courcelles dans un article succint qui semble n'être que la tra-
duction de Maxime.

« Argiot de la Ferrière, autrefois Agius (4)
» vel Agio ensuite Argies, famille d'ancienne
» chevalerie connue dès le ixe siècle et ré-

---

(1) Recherches sur la France , d'Estienne Pasquier.

(2) Voir l'histoire particulière des provinces du nord de la France , et
tout ce qui a été écrit sur la noblesse avant 1330 , époque vers laquelle
la branche riche de la maison Argiot s'éteignit dans celle de Chatillon ,
et où le nom ne fut plus soutenu que par des seigneurs sans fortune.

(3) Tome 2 , à la lettre F.

(4) Lisez Agius non pas Agins.

» pandue à diveses époques en normandie,
» Picardie, Poitou, Languedoc, Roussillon
» et jusques dans le royaume de Naples où
» fut s'établir Hugues, deuxième du nom,
» à la suite de Guichard héritier du duché
» de Normandie, exclu de cet apanage par
» Guillaume le Conquérant. Cette maison est
» toute militaire etc., etc. » (1)

M. de St. Alais seul, dont pourtant toute l'existence fut consacrée à des recherches sur la noblesse de France, cherche à faire
prévaloir une autre opinion non moins favorable à l'antique extraction des seigneurs Argiot qu'il fait descendre de Guilhem, frère
de l'archevêque de Narbonne en l'an 914. Cet historien appuye sa
croyance sur ce passage de la Gallia christiana.

« Agio electus archiepiscopus primæ
» sedis Narbonensis urbis per horribilem
» mortem sanctissimi Arnusti, anno 914. (2)»

Nous croyons, comme l'avance M. de St.-Alais, que quelques
chevaliers de la maison Argiot peuvent être désignés sous le nom
d'Agio dans de très-anciennes chartes; mais quelque respect que

---

(1) Dictionnaire universel de la noblesse, tome 1, page 34.
(2) Gallia Christiana. Eccl. Narb inst page 24.

nous professions pour l'infatigable généalogiste qui a été fouiller dans les ténèbres du x.ᵉ siècle, nous avons peine à concevoir comment le prénom Agius, Agio, Agionis serait devenu celui de toute une race. Cependant M. de St.-Alais possède plus de cinquante mille mémoires sur les familles de France. Ses immenses travaux ont réuni les nombreux documens épars dans une foule de volumes; il possède la majeure partie des archives de MM. les généalogistes du Roi, nobiliaires manuscrits ou imprimés, preuves faites au cabinet des ordres, cartulaires, chartes, chroniques, généralement tout ce qui intéresse ou a intéressé la noblesse du royaume. Comment concevoir qu'il a pu énoncer une semblable opinion sans l'avoir puisée dans quelques-uns de ses nombreux matériaux? (1) Le livre de famille pour lequel il est juste d'avoir aussi du respect, contrarie entièrement sa croyance, il pense avec Maxime que le château d'Argies, détruit pendant le cours de nos guerres intestines, donna son nom à la maison Argiot, et nous adoptons cette manière de voir.

Quoiqu'il en puisse être au milieu de ces versions également difficiles à soutenir et à combattre, une vérité se montre irrécusable: c'est la haute antiquité de la maison Argiot. Divers arrêts de maintenue sur lesquels nous aurons occasion de revenir, l'ont sanctionnée non moins officiellement que les preuves acceptées à différentes époques par les chapitres les plus sévères et le grand maître

____

(1) Nobiliaire universel de France, tome 3, page 222.

de Malte l'a tout nouvellement reconnue dans une lettre de janvier 1791 écrite à M. le marquis de Donissan ancien colonel de Languedoc, à l'occasion du jeune chevalier de la Ferrière. Cette lettre est sous nos yeux ; la voici mot-à-mot.

> « Je suis d'autant plus disposé à vous être
> » agréable, Monsieur, et à prendre en con-
> » sidération tout le bien que vous me dites
> » de M. de la Ferrière votre ami, que j'aime
> » beaucoup à voir arriver sous les drapeaux
> » de la religion des chevaliers de nos an-
> » tiques races.
> » Faites part à M. de la Ferrière de mes
> » bonnes dispositions et recevez etc. , etc. »

Signé ROHAN.

N'ayant pas l'intention de dresser ici le tableau généalogique des nombreuses branches composant la maison Argiot, mais seulement de faire connaître celles des seigneurs de la Ferrière, nous nous bornons à citer quelques-uns des faits principaux qui se rattachent à l'illustration du tronc jusqu'à l'époque où les seigneurs de la Ferrière en furent séparés. Un travail plus étendu serait d'autant moins utile, que toutes les branches de cette maison, autres que celle qui nous occupe, ont aujourd'hui disparu de la scène

du monde. L'une d'elles tombée en quenouille vers les commen-
cemens du xiv.ᵉ siècle, s'éteignit dans l'illustre maison de Chatillon.
C'était la plus opulente descendue en ligne directe de Charles 1.ᵉʳ,
et déjà, depuis lors, le nom d'Argiot n'a plus été soutenu que par
des seigneurs sans fortune (1). Bien que la terre d'Argiot ait été
dans la branche des seigneurs de la Ferrière qui continuent à en
porter le nom, jusqu'à l'époque où Louis xi les en dépouilla.

Charles 1.ᵉʳ fut connétable dans l'une ou l'autre des acceptions
du mot en l'an 821.

Hugues 1.ᵉʳ jouit du même privilége en 1108.

Hugues ii réfugié en Italie, à la suite du duc de Normandie,
spolié par Guillaume le Conquérant, contracta d'illustres alliances
et fut la souche de trois branches napolitaines éteintes depuis long-
temps. Toutefois une tradition constante dans la famille et pro-
pagée encore aujourd'hui, dit qu'un des chevaliers napolitains re-
revenu en France vers l'an 1334, devint le chef de deux autres
rameaux long-temps distingués en Champagne et Cambresis. On
pense même que les seigneurs d'Argy, de nos jours alliés à ceux
de Talleyrand Perigord, Chabannes et autres, se rattachent aux
Argiot d'une manière directe, bien que leurs armes n'aient aucun
point de contact.

Hugues iii dissipa son immense patrimoine dans les guerres par-

---

(1) Histoire de la maison de Chatillon.

ticulières qui désolèrent si long-temps sa province. Il eut pour femme Hessaline fille d'Albéric seigneur d'Amblimont, et fut tué sous les drapeaux du comte de Boulogne.

Hugues IV suivit Philippe Auguste contre Bauduin VIII comte de Flandre en 1193, ensuite contre Jean sans terre en 1199, ainsi qu'il conste d'une quittance par lui donnée pour gages de dix écuyers devant Évreux. Quelques concessions à lui faites par le Roi dans le Vexin, lui attirèrent guerre avec Géon ou Gédéon sous les coups duquel il succomba.   -

Charles II fut joindre Philippe III, dit le Hardi, en Afrique en 1270. Revenu en France avec le Roi, après la trève de Tunis, il fournit encore quarante hommes pour la guerre de Castille; mais la perte de la vue l'obligea à se retirer. On sait que sa veuve fut chercher un asile dans l'abbaye de la Chaise-Dieu; mais on n'a aucune trace de sa postérité.

Nous n'avons cité jusqu'ici que des traits épars mais historiques constatant, qu'aux époques les plus reculées, les seigneurs d'Argiot occupèrent un des premiers rang parmi la noblesse du royaume, sans prétendre établir entre eux aucune filiation, que les archives de famille ne pourraient justifier. Leur généalogie, antérieurement à 1330 surtout, a été recueillie dans tous les vieux nobiliaires : on pourra y recourir au besoin. (1)

---

(1) Voir l'histoire de Normandie, Picardie, Poitou, etc., les cartulaires

I. Guy chevalier, seigneur et comte d'Argies, surnommé le Chevalier-d'Or, fut la souche de la maison Argiot de la Ferrière qui va nous occuper exclusivement.

Il combattit avec Louis VIII contre Henri III roi d'Angleterre, et c'est sans doute lui que Maxime désigne comme ayant accompagné son prince au siége d'Avignon.

On le trouve qualifié comme ci-dessus dans une transaction du jeudi, après l'annonciation de la Vierge 1222, présens Géon seigneur de la Mothe et Guichard seigneur d'Amaury portant règlement de comptes avec Jolande sa mère.

Il est qualifié de la même manière le 2.e jour des calendes de novembre 1223, dans un acte de foi et hommage d'Arnylphe ou Onulphre d'Aymard, pour son fief de Neuviel.

Un acte du lundi, après la purification 1235, conclu dans l'abbaye de Clairmarais présens Adam et Guillaume de Bryas chevaliers. constate le mariage de Guy surnommé le Chevalier-d'Or, avec Blanche, fille de Bauduin chevalier, seigneur de Bryas, qualifié haut et puissant baron, lequel fit en cette occasion de grandes largesses à l'abbaye de Clairmarais.

Il est très-essentiel de faire remarquer ici, que dans ledit acte de 1235, Guy se qualifie chevalier seigneur et comte d'Argiot etc.,

---

de Clairmarais, Villeneuve, Saint-Join-les-Marnes etc., les dépôts de la chambre de Poitiers, le livre vert, etc, les mémoires de Curt, les recherches officielles, etc etc. etc.

bien que Jolande sa mère continue à se nommer veuve de Jehan seigneur d'Argies.

Hors d'état d'indiquer les causes de cette altération, quoique non rares à ces époques de quasi barbarie, nous devons nous contenter de la constater dans cette notice comme un fait incontestable et positif. D'abord nous avions supposé que cette altération était simplement une erreur involontairement échappée au religieux qui célébra le mariage : mais tout considéré nous avons reconnu que cette terminaison en ot pourrait n'être aussi qu'un diminutif usité même de nos jours, dans les provinces, pour désigner d'une manière plus mignarde, si on peut s'exprimer ainsi, l'aîné d'une maison. Cette corruption de langage commence assez ordinairement par la mère ou la nourrice du sujet et dès ses premières années : acquérant ensuite plus de consistance elle l'accompagne dans un âge plus avancé, et nous citerions nombre de familles dont le nom a subi de cette manière plus d'une altération. C'est ainsi, sans aller plus loin, que dans la maison qui nous occupe, on rencontre souvent Argiot ou Argiou, Ferrierot, Ferrierou pour la Ferrière selon les idiômes et les temps.

Quoiqu'il en soit, l'identité de personnage, seule chose essentielle, ne saurait être contestée puisque dans l'acte de 1235 Jolande veuve de Jehan chevalier seigneur d'Argies, contracte avec Puy seigneur et comte d'Argiot son fils.

Il n'est pas moins important de remarquer que ce changement dans l'ortographe du nom n'a eu lieu qu'au 3ᵉ acte authentique de

Guy dit le Chevalier d'Or, précisément dans celui de mariage le plus essentiel à la filiation Cette circonstance et la persévérance de cette branche à perpétuer l'altération, indiquent assez qu'elle fut volontaire et que les seigneurs d'Argies eurent, pour changer ainsi l'ortographe de leur nom, des motifs qui ne sont pas arrivés jusqu'à nous. (1)

Guy convola en secondes nôces le jeudi, fête de St. Simon et St. Judes 1246 avec Blonde fille de Roger d'Argies, son cousin de sang et armes, dont la postérité tombée en quenouille, au commencement du xiv siècle, s'éteignit dans l'illustre maison de Châtillon. (2)

Ces actes de 1235 et 1246 sont rapportés littéralement dans le procès-verbal des preuves de Conrad d'Argiot, reçu chevalier de Malte au grand prieuré d'Aquitaine le 1er octobre 1383, signé de la Ville et du Mesnil commandeurs. Nous les retrouvons également mentionnés dans un arrêt officiel de maintenue de 1668, signé Bazin, déposé aux archives de M. Domenencq notaire royal à Perpignan.

Le livre de famille constate l'existence d'un Guy chevalier seigneur d'Argiot, compris sur le rôle des chevaliers de l'hôtel du

---

(1) Qui pourrait assurer que le château d'Argies ne s'appelait pas auparavant Argiot, et que ce que nous appelons une erreur n'est pas au contraire une rectification ?

(2) L'acte de 1246 corrobore notre opinion, et ne laisse plus aucun doute sur le nom primitif du château d'Argiot, jusqu'alors possédé par la branche aînée.

roi St. Louis, ensemble trois autres seigneurs, avec table en l'hôtel et 1100 livres de gages, somme extraordinairement considérable
pour l'époque. Cette qualité de seigneur d'Argiot, qui ne pouvait
être prise par deux chevaliers à la fois, indiquerait la similitude
entre ce Guy et le Chevalier d'Or; mais le livre de famille fait
périr le premier à la bataille de Mons-en-Puelle, qui ne se livra
qu'en 1304 sous Philippe le Bel, ce qui donnerait au Chevalier
d'Or environ 84 ans, âge auquel il n'est point probable qu'il combattit en personne.

Il est également question, dans le livre de famille d'un Gui d'Argiot présent comme témoin dans un acte de 1283, portant alliance
offensive et défensive entre Gérard baron de Raiz et le sire de
Machecoul en tant qu'il s'agira du service de Philippe le Hardi.

Ici rien ne fixe notre opinion, et nous ne pouvons ni affirmer
ni nier l'idendité de ces trois chevaliers, que nous croyons cependant n'être que le Chevalier d'Or parvenu à un âge fort avancé.

II. Arnoul ou Arnaud chevalier seigneur et comte d'Argiot, baron de
Neuviel, (*) naquit à Neuviel le.. 1268, de Guy chevalier seigneur et
comte d'Argiot surnommé le Chevalier d'Or, et de Blonde d'Argies
ainsi qu'il appert de son contrat de mariage du 2e jour des ides de
janvier 1334, avec Mathilde fille de Geon ou Gedeon seigneur de
Reyniès. Il commença ses premières armes sous le duc de Luxembourg, se distingua ensuite à la bataille de Furnes en 1296 et
mérita de Philippe le Bel une pension de trente livres dont ses
descendans n'ont été dépouillés que plusieurs siècles après. Blessé

(*) Qu'on croit être Neuville.

à la bataille de Courtray en 1303, ce gentilhomme suspendit momentanément ses services qu'il ne put reprendre qu'à la paix avec les flamands; mais Philippe de Valois ayant eu de longues guerres à soutenir, d'abord contre les révoltés, ensuite contre les Anglais, Arnoul assista à la journée de Cassel en 1328 à la tête de soixante hommes, fut envoyé deux fois auprès d'Édouard III chargé de missions importantes et mourut le 7 mars 1350 âgé de quatre-vingt-deux ans, dans son château de Neuviel. Son testament du 19 août 1348 institue Raymond son fils, héritier universel, fixe la légitime de Macryne et délègue une pension viagère de 12 livres à Guilhem dit l'Oiseleur, pour l'avoir bien et loyalement servi à la guerre.

Macryne fut mariée avec Pierre seigneur de Pont-Mousseau de la maison de Tessel.

III. Raymond chevalier seigneur et comte d'Argiot, baron de Neuviel etc., surnommé le Fort ou le Tort, naquit au château d'Argiot le 23 février 1335, et fut marié à Neuviel le 14 juillet 1365, pardevant Sejean, à Almunda, fille de Maurice chevalier seigneur de Beauvoir. On le trouve qualifié, comme il est dit dans un acte de foi et hommage de la deuxième vigile de pàques 1378, notaire Cailler, de Guilhem de Rofinac pour son fief de sablolier (1) comparut à la montre du vicomte de Thouars sous le maréchal de Sancerre, en janvier 1386, et obtint de Charles V

____

(1) Sablolium, près Bayeux.

comme de Charles VI, la continuation de l'honorable pension que son père avait reçue de Philippe le Bel. Il avait perdu un œil à la journée de Rosbec, et tomba sous les coups du duc de Bourgogne le 24 août 1405 à l'âge de 70 ans.

De son mariage étaient venus,

1° Naudin né en 1356, mort en 1368;

2° Conrand né en 1367, reçu chevalier de St. Jean de Jerusalem au grand prieuré d'Aquitaine le 1ᵉʳ octobre 1383, décédé sans avoir joint l'ordre en 1384;

3° Guilhem né en 1368 dont l'article viendra;

4° Pierre né le 18 novembre 1370 qui suit.

IV. Pierre chevalier seigneur et comte d'Argiot, baron de Neuviel, etc., naquit au château d'Argiot le 18 novembre 1370 et épousa le 1ᵉʳ janvier 1400 pardevant Sejean notaire à Neuviel, Béatrix fille de Gauthier de Vallins chevalier seigneur de Seillans. Le lundi après pâques 1401, par acte passé devant le même notaire, il affranchit le nommé Rouge, homme taillable et quettable, moyennant la redevance perpétuelle et annuelle de dix journées de travail, fors les cas de guerre. Le 7 mai 1409 il aumôna l'abbaye de Villeneuve d'une rente à toujours de trente livres à prendre sur la dîme inféodée au fief de Neuviel. Il comparut en 1415 dans la montre de Thomas de Fortin parmi les gentilshommes à servir et à desservir au service du Roi et de monseigneur le duc de Guienne, assista en 1422 à la tête de ses vassaux à la meurtrière journée de Guise et mourut le 17 juin 1449 à l'âge de 79 ans après avoir réglé les intérêts de ses enfans, pardevant Cailler notaire et consenti des largeses envers les hospices de Poitiers. (1) Ses enfans furent,

1° Michel qui suit, né le 10 octobre 1400;

2° Léonide, Chanoinesse de Denain ; (2)

3° Laurent né le 17 mars 1404, tué en 1427 dans un combat particulier avec Roger de Nesle.

Guilhem, frère de Pierre, né en 1368, contracta mariage avec Izaure fille de Gui, chevalier seigneur des Espérins, dont il n'eut point d'enfans. Échappé comme par miracle à la terrible défaite d'Azincourt le 25 octobre 1415 et devenu veuf la même année, il fut s'ensevelir vivant dans l'abbaye de . . . . ordre de la Trappe.

V. Michel chevalier seigneur et comte de Neuviel, etc., fils de Pierre comte d'Argiot et de Béatrix de Valins, naquit le 10 octobre 1400, et contracta mariage dès l'âge de 21 ans, le 11 juin 1421, notaire Berlotier à Poitiers avec Élizabeth de Valins sa cousine, fille de Robert chevalier, seigneur et marquis de Vallins et d'Anne-Marie de Vergennes (3). Comblé de très-bonne heure

---

(1) Il ne paraît point que ce gentilhomme ait convolé en seconde noce, comme l'ont pensé quelques généalogistes. Ni le livre, ni les archives de la famille ne mentionnent de second mariage. On ignore même la date de la mort de Béatrix.

(2) Les preuves du chapitre de Denain étaient de seize quartiers de noblesse militaire sans traces d'annoblissement.

(3) Ce qui explique l'erreur du nobiliaire universel.

des faveurs de M. le duc de Guienne dont son père avait mérité l'affection, il fut armé chevalier le 19 septembre 1423 par le fameux Arnaud Guillaume de Barbazan qui lui délivra, au nom de Charles VII, la commission d'armer et commander en personne cinquante hommes d'arme, faveur si honorable pour l'époque, exception si rarement concédée à un chevalier de son âge et qui prouve, qu'encore au XVe siècle, la maison d'Argiot possédait de grands biens. On le trouve qualifié haut et puissant seigneur dans un acte du 3 mai, notaire Berlotier, assisté d'Olivier et Berthold chevaliers ses cousins, pour l'ouverture d'une succession collatérale et la riposte à des prétentions illégales de l'abbaye de St.-Join-Lès-Marne, il mourut la même année devant Granville.

VI. Achile, fils unique de Pierre, chevalier seigneur et comte d'Argiot, baron de Neuviel, etc., né le 13 avril 1422, fut marié le 19 mars 1449, notaire Berlotier, à Hélène dame de Carlas, fille naturelle de Thibaut de Vallins son oncle qui, à condition de ce mariage, lui transporta les terres de Fort-Cader et Ossemont par contrat du même jour, retenu aux mêmes minutes.

Il fut armé Chevalier le 1.er octobre 1454 et paraît comme tel dans l'acte de foi et hommage du 18 juillet 1455 pour son fief de Neuviel. On le voit avant cette époque figurer comme parent et témoin dans un acte de mars 1440 qui transporte le château de Féroles à Perroteau chevalier seigneur de la ville, ainsi que dans le cours d'une longue procédure qui repousse les prétentions outrées de l'abbaye de St.-Join-Lès-Marne.

Il avait fourni un contingent de 60 hommes à Charles vii, servit en personne contre les Anglais dans la compagnie de gens d'armes de Gaston de Nesle, sous le comte de Dunois et participa aux diverses tentatives contre Calais.

Une sentence de 1463, rendue au nom de Louis xi, lorsque deux années après son avènement à la couronne, ce prince commença les persécutions contre la grande féodalité, le maintint dans sa noblesse d'ancienne chevalerie; mais vers cette époque se forma la ligue dite du bien public, et Achille, pris les armes à la main le 16 juillet 1465 à la journée de Mont-Lheri, fut dépouillé de tous ses biens et décapité, laissant plusieurs enfans dont il ne nous a pas été possible de suivre les traces au milieu des désordres du temps (1).

VII. Alphonse 1.er, né en décembre 1449, épousa le 7 novembre 1489, devant Rivals notaire, dame Camille de Lordat. On le trouve dans deux actes du 22 août 1490 et 11 mars 1492 notaire Rivals à Gyvrai, le premier relatif à la ferme de quelques propriétés des bris d'une immense fortune, l'autre pour transiger, moyennant finances avec l'abbaye de St.-Join-Lès-Marne. Le règne de Charles viii ayant été moins agité, Alphonse obtint la restitution d'une partie

____

(1) Le nobiliaire universel fait mourir ce seigneur en 1450, c'est une erreur, il fut décapité à Paris le 18 août 1465, à l'age de 43 ans.

de ses terres déjà entièrement saccagées; mais le château d'Argiot avait été démoli et le prince ne voulut jamais consentir à sa reconstruction, même entre les mains d'un sieur Areyne auquel Louis xi l'avait concédé après sa démolition. Cependant, les noms de famille étant déjà alors bien établis et indépendans de la possession du fief qui leur avait donné naissance, la maison qui nous occupe continua à porter celui d'Argiot qu'elle honorait depuis quatre cents ans.

Les lettres de grâce, par lesquelles Charles viii restitue à Alphonse les terres non concédées à d'autres, confisquées sur son père par Louis xi, portent dans l'état où elles sont, et ne furent accordées que comme une faveur en 1491, à la sollicitation d'Anne de Bretagne, bientôt après Reine de France.

Alphonse dès-lors dévoué à Charles viii, l'accompagna en Italie et combattit vaillamment à Fornoue, ce qui lui valut l'ordre de St. Michel et le gouvernement de Dieppe où il mourut laissant,

1.° Simon ;

2.° Julie Chanoinesse de Denain;

3.° Adelaide Mariée 1.° à messire Henri de l'Anglais, 2.° à messire Elzéard de St.-Simon.

VIII. Simon né à Poitiers le 18 février 1494, fut marié le 2 août 1520 à Marie de Bouesc, fille de très-noble et très-illustre seigneur Gaspard de Bouesc, chevalier comte de Bouesc et de Guillelmine de Castelas. Le contrat de mariage reçu au château de Bouesc par Benjoin notaire, mentionne comme témoins parens ou alliés, très-hauts et très-puissans seigneurs, Guillaume de Castelas, Henri de Chartres, Raoul de Ferrières, Guy d'Argiot, Guillaume d'Argiot, Jean de Craon, Joseph de Cramailles, Henri de Caulincourt de Vallins et Albert de l'Estandart (1).

Simon avait fait ses premières armes sous François 1.er, dans la compagnie de Jehan comte de la ville de Ferroles. Il assista le 27 avril 1522 à l'affaire de la Bicoque, sous la bannière du comte d'Estrée, et fut fait prisonnier le 24 février 1525 avec la maison du Roi. Rentré en France et fait chevalier de St. Michel à la paix de 1529, ce gentilhomme servit auprès de François de Bourbon comte de Vendôme, jusqu'à la reprise des hostilités vers 1535, époque à laquelle on le vit paraître à Nice à la tête de cinquante chevaux.

Par brevet du 9 mai 1545, un an avant sa mort, François 1.er reconnut et rétablit, en tant que de besoin, la pension héréditaire accordée par Philippe le Bel, que Louis xiv porta à 300 livres et dont la famille a joui jusqu'à la révolution. Le comte Simon d'Argiot ne borna point là ses services, resté sous les drapeaux pendant le règne de Henri iii, il reçut une blessure grave au combat de Dormans et ne mourut qu'à la paix de 1580 plus qu'octogénaire.

---

(1) C'est, sans contredit, cette réunion de chevaliers au château de Bouesc, qui a accrédité dans la famille l'opinion soutenue dans le nobiliaire, que la belle Marie avait été le prix du vainqueur au tournoi de 1516.

IX. Alphonse ii né à Poitiers en 1521 épousa, 1.º le 13 juin 1551, pardevant Alars notaire, Thérèse de Bancé dame de Vilette, 2.º le 15 septembre 1559 même notaire, Thérèse de Bancé Courci cousine de sa première femme. On le trouve qualifié le 16 octobre 1574 dans une liste de présence à la revue en armes passée devant Lusignem dans la compagnie du seigneur d'Asnières son oncle, Henri iii régnant, ainsi que dans une sentence de maintenue rendue le 2 février 1584 par Claude Malon seigneur de Bercy, greffier criminel au parlement de Paris, commissaire député pour la recherche des usurpateurs de noblesse en sa généralité du Poitou. Diverses lettres de M. le prince de Montbazon, entre autres une datée du camp devant Moulins, certifient que ce chevalier servit fidèlement la cause de Henri iv dont il était connu et qui lui donna plusieurs marques de considération avant comme après son avènement au trône de France. On le rencontre encore dans un acte de dénombrement au Roi, notaire Pontenier; il testa le 20 juin 1601 à Gyvrai, pardevant Pinneau notaire et mourut quelques mois après nonogénaire laissant,

du premier lit;

1.º Raymond qui forma la lignée des seigneurs de Villette;

2.º Christine, mariée à dom Estevan Ballaisto seigneur espagnol de la maison de Pazes.

du second lit;

3.º Jean né le 3 août 1560, qui suit;

4.º Guy II né le 7 mars 1562 ;

5.º Jules né le 11 avril 1563.

X. Jean né le 3 août 1560 épousa à pareil jour 1600, Anne d'Aniort, aujourd'hui Niort, d'une maison extraordinairement ancienne, jadis souveraine du pays de Sceau (1). On le trouve désigné avec son père, ses oncles et frères en bas âge, dans la sentence de maintenue délivrée le 24 novembre 1568, par Gauthier de Ste. Marthe, Philippe de Herré et Jean Lejay députés par sa majesté pour la recherche des faux nobles, ainsi que dans la montre de 1574 où il comparut, à peine âgé de 14 ans, à la suite du comte d'Argiot son père. Il assista à la prise d'Amiens en 1597, et fut présenté à Henri IV après la paix de Vervins comme un des seigneurs de son royaume dont la fortune avait été saccagée par les ligueurs, en dédommagement de quoi sa majesté l'appela au gouvernement de Morlaix, que le duc de Mercœur venait de désemparer avec toute la Bretagne en 1598. Disgracié ensuite pour quelques imprudences découvertes dans sa correspondance avec le chevalier de Fabresan gentilhomme à la suite de la marquise d'Entragnes maîtresse du Roi, il fut dépouillé de sa charge, persécuté et obligé d'aller demander un asile au seigneur d'Aniort qu'il avait connu à l'armée et dont il épousa la fille au château de Bélestat, près Quillan, notaire Bentajoux, le 3 août 1600.

---

(1) Histoire du Languedoc, pays de Seau.

Ce mariage lui ayant transporté la petite terre de Lapeyrouse, Jean oublia la perte de sa fortune en Poitou non moins que la disgrâce qui l'avait frappé et mourut paisiblement au milieu des Corbières, dans sa terre de Lapeyrouse le 5 janvier 1609.

Guy et Jules, ses frères, avaient trouvé une mort glorieuse au service du Roi, ainsi que l'atteste un certificat signé Montbazon du 1.ᵉʳ septembre 1587, et c'est ainsi que les seigneurs d'Argiot furent transplantés dans les Corbières.

Le comte Jean d'Argiot laissa de son mariage avec Anne de Niort,

1.° Charles qui suit ;

2.° Marie mariée à Messire Ducup seigneur de Fabrezan chevalier (1) ;

3.° Julie religieuse au chapitre noble du St. Esprit ;

4.° Jacquette, mariée au seigneur d'Hélie de St. André (2) ;

5.° David abbé de la Peyrouse, chevalier de Malte.

XI. Charles II né au château de la Peyrouse le 2 juin 1601, fut marié le 24 décembre 1626, notaire Mas de Tuchan, à Guillemette de Loviac, fille de Messire Joseph d'Ax seigneur de Loviac et autres lieux, et décéda encore jeune à la suite de ses blessures, le 31 décembre 1645.

---

(1) D'une maison fort ancienne déjà connue sous Simon de Mont-Fort.

(2) Les Lévis d'Hélie Voisin ont chassé les Sarrasins. *Histoire du Languedoc*

Les persécutions dont son père avait été l'objet ayant eu fin à la mort de Henri IV, Charles s'enrôla fort jeune sous les bannières de Louis XIII et combattit contre les mécontens qui tenaient le parti de la Reine, dans les compagnies de gens d'armes d'ordonnance de Tanneguy et Chambray ensuite mestre et maréchal de camp entretenu. Après la paix accordée aux Huguenots en 1623 Louis XIII nécessitant de nouvelles troupes soit contre les Genois soit contre les mécontens qui s'étaient de nouveau révoltés, toute la noblesse tenant le parti du Roi, fut invitée à fournir le plus grand contingent possible. Charles d'Argiot à peine âgé de 25 ans, leva cent hommes du diocèse de Narbonne, qu'il amena d'abord devant la Rochelle, à la tête desquels il combattit ensuite en Catalogue. Blessé dangereusement le 17 mai 1642, sous les ordres de La Meilleraye, il fut contraint d'abandonner l'armée et fut mourir dans les Corbières le 3 décembre 1645 laissant,

1.° Paul qui suit;

2.° Madelaine, mariée à N. de Lambert;

4.° Catherine Chanoinesse de Denain, morte religieuse.

XII. Paul d'Argiot chevalier, comte d'Argiot, baron de la Peyrouse né le 11 octobre 1627, entra de bonne heure au service sous les ordres du maréchal de Schomberg qu'il accompagna au siège de Tortose, et dont il obtint le commandement de la compagnie de Narbonne en remplacement de son père estropié. François Villerasa, Mirman et le seigneur d'Héricourt commissaires députés par le Roi en 1666 pour la réformation de la noblesse du Languedoc, voulurent bien agir pour lui en son absence et le maintenir dans sa noblesse de chevalerie après avoir pris la peine de dépouiller eux-mêmes les papiers de sa maison. Il épousa le 2 janvier 1666, pardevant Mas notaire à Tuchan, Jacquette de Mage des anciens comtes de Saltza, auxquels le roi Vamba fit don de cette seigneurie (1), et qui ont la prétention de descendre de Magon, gouverneur de la Narbonnaise (2). Lapeyrouse fut érigée en baronie en faveur de Paul d'Argiot par lettres de 1667, et Claude Basin chevalier seigneur de Bezons, reconnut l'antiquité de son origine par arrêt daté de Montpellier en 1668.

Dès 1644, à l'âge de 17 ans, jusqu'à la paix de 1648 conclue à Munster, le comte Paul d'Argiot servit en Allemagne sous les ordres de Louis 2 de Bourbon prince de Condé dont il reçut des félicitations à l'affaire des environs de Fribourg contre le général Merci, et contribua avec ses cent hommes à la conquête de tout le pays compris entre Mayence et Laudan. Renvoyé en Languedoc à la paix de Muster, il fut employé à l'armée de Catalogne sous le marquis de Montpezat. Quelques mouvemens séditieux ayant éclaté en Languedoc, il reçut commission le 25 mai 1675 d'occuper militairement la place de Cette et rétablit l'ordre sans

---

(1) Archives de la ville de Gironne.

(2) Histoire du Languedoc. Essais sur la noblesse, de Barthés, tome premier.

effusion de sang. Rappelé, peu de temps après, par M. de Fipiat brigadier général, il tint garnison à Villefranche de Conflans, et obtint la permission de se retirer, sa santé ne lui permettant plus de porter les armes.

Rendu à la vie privée et étranger aux actions glorieuses qui illustrèrent le règne de Louis xiv, ce gentilhomme cultiva les lettres. Le livre de famille renferme plusieurs pièces de vers qui dénotent un esprit cultivé et original ainsi que des mémoires pleins d'intérêt sur les évènemens de son époque. Il mourut fort âgé au château de Saltza le 10 octobre 1697, précisément le jour où fut signée la paix de Ryzswik. Ses enfans furent,

1.º Charles, né le 6 octobre 1673;

2.º Henri, né le 14 décembre 1675;

3.º Louis, né le 8 décembre 1677;

4.º Magdeleine et Catherine, nées le même jour 4 avril 1679 (1).

XIII. Charles III d'Argiot, baron de la Peyrouse et marquis de la Ferrière, par lettres de 1708 signées Louis, contresignées Chamillard, fut d'abord admis dans la deuxième compagnie de mousquetaires créée par Louis xiv en 1660 et obtint, fort jeune,

---

(1) Les chroniques de famille rapportent que Paul, comte d'Argiot, eut un fils naturel, né vers 1660, qui est devenu chef d'une branche non reconnue de cette maison demeurée dans l'obscurité en Roussillon.

une compagnie au régiment de Languedoc avec laquelle il assista en 1693 au siége de Nerwinde sous le maréchal de Luxembourg à la bataille de Fredlingue en 1702 et perdit un bras en 1704 à celle d'Hochstet.

Forcé d'abandonner le corps d'armée du maréchal de Villars pour rentrer momentanément en France, le marquis de la Ferrière fut présenté à Louis XIV qui l'accueillit avec la bienveillance la plus flatteuse, lui accorda les honneurs de la cour et le reçut en personne dans son ordre de St. Louis, ajoutant à ces grâces, celle de porter à 300 livres la pension méritée, par ses ancêtres, de Philippe le Bel. Guéri de sa blessure et de retour à l'armée, colonel en second de son régiment, le marquis de la Ferrière prit part, en 1709, à la bataille de Malplatel, eut la poitrine traversée d'un coup de feu devant Fribourg, en 1713, et continua à faire la guerre ainsi mutilé jusqu'en 1734, époque à laquelle le Roi récompensa de si honorables services par le grade d'officier général et le commandement de Nancy sous le gouvernement général de M. le duc de Fleury (1). Il mourut célibataire à Limoux, diocèse d'Aleth, instituant son frère Henri héritier universel.

Toute l'existence de ce gentilhomme ayant été consacrée aux armes, Charles III, d'ailleurs célibataire, eut fort peu d'occasions de contracter des actes publics, aussi en avons-nous un petit

---

(1) Dépôt de la guerre.

nombre à citer : On le rencontre pourtant, 1.° dans une procuration retenue le 14 septembre 1735 par Bruard et Mangeau Tabellions généraux de Nancy ; 2° dans le contrat de mariage de Henri son frère, retenu par Mas notaire au château de Ronfiac le 9 février 1739 ; 3° dans une procuration reçue à Nancy par les Tabellions sus-nommés, par laquelle il institue son procureur général et spécial pour l'administration de ses biens en Languedoc, M. de Grave, son parent, capitaine au régiment de Languedoc ; 4° dans le courant de deux procédures intentées ; l'une, au baron de Sournia, son parent ; l'autre, à M. de St. Jean seigneur et baron de Bouise ; 5.° dans un acte de foi et hommage au seigneur de Mirepoix, fait en son absence par ledit M. de Grave son chargé de pouvoir, et reçu par Mas, notaire à Tuchan, le 12 mai 1738 etc., etc.; enfin dans son testament du 2 mai 1731.

Louis d'Argiot chevalier, frère du précédent, connu sous le nom de Lapeyrouse, naquit le 8 décembre 1677 et, comme tous les membres de sa maison, embrassa fort jeune la carrière des armes. Dès 1681, à l'âge de treize ans et quelques mois, il fut admis comme cadet dans la compagnie colonelle du régiment de Languedoc, devint sous-lieutenant au même régiment dans la compagnie de Chauvinières en 1696 et capitaine le 1.er novembre 1705, admis dans l'ordre de St. Louis et reçu par Louis XIV en personne par brevet daté de Fontainebleau le vingtième jour de septembre 1714.

Il s'était trouvé à la canonnade de Pert, au siége de Kaizevert, à la bataille d'Hosteht, avait perdu un bras pendant ledit siége et

fut plus tard emporté d'un coup de canon devant St. Sébastien
(1). Louis xiv, pour reconnaître ses services lui avait accordé par
brevet du 10 octobre 1707, une pension de 400 livres du nombre de
celles que sa Majesté avait assigné le 2 janvier 1691 sur l'hôtel-
de-ville de Paris en faveur de MM. les officiers blessés aux armées.

M. de la Peyrouse mourut célibataire et cette pension fut rever-
sible d'abord sur ses frères, ensuite sur ses neveux.

Le livre de famille rapporte qu'il fut un des plus beaux hommes
de son époque, que ses blessures ajoutaient encore à la noblesse de
son maintient et que madame de Maintenon, présente à sa réception
dans l'ordre de St. Louis, daigna l'entretenir avec une extrême
bienveillance.

Catherine et Magdeleine nées le même jour, 4 avril 1679, s'éta-
blirent toutes les deux, la première avec Guillaume de Calmes
chevalier, ancien officier chevalier de St. Louis, et la seconde avec
Jean de Casteras de l'ancienne et jadis puissante maison de ce nom.

XIII. Henri d'Argiot, comte d'Argiot, marquis de la Ferrière,
seigneur du Villa-Poumeneq, Combe Sourde et la Bouissonne, à la
mort de Charles son frère aîné, naquit au château de Saltza près
Tuchan, le 11 décembre 1675 et fut admis dès 1690 à l'âge de 15
ans, dans les cadets gentilhommes de Strasbourg d'où il sortit pour
être fait lieutenant en second au régiment de Languedoc en 1693, lieu-

---

(1) Dépôt général de la guerre.

tenant en premier en 1695, capitaine en 1734, colonel en second le 5 août 1737 et chevalier de St. Louis. Comme ses frères, il avait été accueilli par Louis xiv avec des marques toutes particulières de considération, comme eux il avait fait les guerres d'Allemagne, et, chose plus qu'extraordinaire, comme eux aussi il avait eu un bras emporté. Le livre de famille rapporte, au sujet de cet évènement invraisemblable, une circonstance bien digne d'être remarquée.

> « Pendant le siége de Kaizervert, dit-il, le
> » régiment de Languedoc où servaient en
> » mème-temps les deux frères la Ferrière et
> » la Peyrouse, et sous les drapeaux duquel leur
> » aîné venait d'être mutilé, fournit des déta-
> » chemens qui occupèrent des positions mi-
> » litaires différentes. Les deux frères blessés
> » isolément à l'inçu l'un de l'autre, furent
> » jetés sur la même charrette avec d'autres
> » victimes et dirigés de nuit à quelque dis-
> » tance sur les derrières de l'armée. Placés sans
> » doute de manière à ne point s'apercevoir,
> » ils passèrent un certain temps ensemble sans
> » articuler d'autres sons que des gémissemens
> » arrachés par la douleur et ne se reconnurent
> » qu'au moment où on les enleva de la char-
> » rette pour être amputés. »

L'exemple de trois frères servant dans le même corps et mutilés de la même manière, si près l'un de l'autre, est peut-être unique. Le fait pourtant est positif; les archives de la guerre et celles de la famille en font foi d'une manière irrécusable. Aussi est-ce depuis cette époque seulement, et non point depuis les croisades, comme le pensent quelques généalogistes (1) qu'en commémoration de cet évènement, les seigneurs de la Ferrière enrichirent les armes d'Argiot d'un écu, sur le tout, de gueules à la bande d'argent, chargée de 3 flèches de sable, noble allégorie rappelant le sang répandu par les trois frères, la ceinture de chevalier, signe de leur haute extraction, et les trois traits dont ils furent atteints.

Forcé par l'âge et ses blessures d'abandonner l'armée, M. de la Ferrière se retira en 1739 avec le brevet de colonel, et contracta mariage le 3 février de la même année au château de Rouffiac, pardevant Mas notaire de Tuchan, avec Magdeleine de Cazamajour fille d'Anne de Niort et de M. le marquis de Cazamajour, seigneur de Paza Rouffiac, etc., issu des anciens comtes de Béarn et dont le fils épousa bientôt après Élizabeth de Lévis, dame de St. Cernin.

Devenu seigneur de Villa-Poumencq à la mort de Charles son frère, Henri fut s'y établir. On le trouve qualifié comme de droit il devait l'être, dans un acte de foi et hommage du 13 juin 1740,

---

(1) Dictionnaire de la noblesse, tome 1. Nobiliaire universel tome 2 et 3. Armorial des familles de France, tome 1. Armorial général, etc

notaire Ribes , aux seigneurs de Mirepoix auxquels ceux du Villa-Poumencq devaient hommage en signe de vassalité (1). Dans son testament reçu au château de Villa par Ribes notaire, le 25 avril 1754 , témoins Jean d'Ax seigneur de Cessales et d'Hélie seigneur de St. André, ses cousins, dans son contrat de mariage et généralement dans tous les actes tant civils que religieux qui le concernent. Quoique déjà avancé en âge, il eut dix enfans parmi lesquels nous ne citons que ceux relatés dans son testament, les autres n'ayant pas vécu jusques-là. Il mourut au château du Villa, dans la chapelle duquel il fut inhumé le 5 mars 1764 laissant ,

1.° Charles-Louis-Marie ;

2.° Paul-Louis ;

3.° Joséphe-Philippe ;

4.° Françoise ;

- 5.° Louise ;

Françoise admise au chapitre noble du St.-Esprit, décéda peu de temps après son père et testa en faveur de Joséphe sa sœur.

Louise, connue sous le nom de madame de St. Louis , fut élevée à Prouille et décéda religieuse professe de sainte Marthe.

---

(1) La presque totalité des terres en justice , situées aux environs de Mirepoix et sur les Corbieres relevaient des seigneurs de Lévis-Mirepoix , leur suzerain. Le Villa , par exemple , leur devait foi , hommage, et une rose d'argent tous les ans au premier janvier.

Joséphe épousa le 25 septembre 1771 , notaire Flandry à Li-
moux , témoins ses parens , Bon de Paza , Russon de Reynes seigneur
de St. Laurent , Henri d'Hélie seigneur de St. André , Jeanne de
Russon , Charlotte de Grave , Marie de Seguins et Anne d'Aulpoul-
Blanchefort , Messire Jean de Gayrand chevalier seigneur de Ville-
Tritouls , Fabies , la Bastide et autres lieux dont la mère , Angèle de
Grave , renouvela indirectement les très-anciennes alliances des sei-
gneurs de la Ferrière avec sa maison.

Paul Louis comte de la Ferrière , appelé le chevalier parce qu'il
fut d'abord destiné à Malte , fut ensuite appelé à l'état ecclésias-
tique par M. l'évêque de Valence son cousin qui lui avait promis
de lui obtenir de bonne heure le canonicat de Moissac , dont l'abbé
de Rouffiac , son oncle , était pourvu ; mais sa vocation l'ayant emporté sur ses combinaisons de famille , il obtint , fort jeune encore ,
une lieutenance au régiment de Provence sous le commandement
du comte de Grave son parent , devint capitaine au régiment de
Monsieur , major et lieutenant-colonel de Languedoc , chevalier de
St. Louis , colonel du régiment d'Artois et maréchal de camp.

On le trouve dans l'acte de partage noble qui fut contracté au
château du Villa , à la mort de son père , dans le procès-verbal des
assemblées tenues en 1789 par la noblesse du Roussillon (1) et dans

----

(1) Dictionnaire de la noblesse, tome 4. Procès-verbaux des assemblées
de la noblesse du Roussillon , 1789 , de l'imprimerie de Reynier a
Perpignan.

une foule d'actes privés, reçus par les notaires Trullés, Doménencq, etc.

XIV. Charles Louis-Marie d'Argiot, chevalier, marquis de la Fer-riére, seigneur du Villa-Poumencq, Combe-Sourde, la Bouissonne etc., naquit au château du Villa le 2 mai 1740, obtint une lieute-nance en 1748, avant l'âge de huit ans, dans le régiment de son père, devint capitaine et chevalier de St. Louis en 1772, major le 24 juin 1780 et se retira avec le brevet de colonel, le 27 février 1785, cumulant avec la retraite de son grade, les deux pensions militaires dont ses aïeux avaient joui, plus une troisième pension de 300 livres à lui personnellement accordée.

Il avait débuté devant l'ennemi dans le Hanovre, pendant la guerre de sept ans, sous les maréchaux Richelieu et d'Estrée, con-tribua plus tard à l'occupation du comtat venaissin, ensuite à la guerre de Corse, et s'acquit la réputation d'un officier très-distingué.

Tout ce qui se rattache aux évènemens de la guerre doit être fi-dèlement rapporté dans une notice historique sur une maison toute militaire, prodigue de son sang sur les champs de bataille depuis les premiers siècles de la monarchie.

MM. de la Ferrière frères, guerroyaient en même-temps, sans le savoir, sur les montagnes de la Corse, l'un dans le régiment de Provence, l'autre dans celui de Languedoc. Les localités dans un pays coupé, et la guerre de partisans qui s'exécute toujours en tirailleurs, permettaient peu de communication entre les divers corps de l'armée française; ce qui forçait, pour ainsi dire, chaque régiment à opérer isolément.

Atteint d'un coup de feu à la poitrine dans une reconnaissance à la tête d'un très-faible détachement, le chevalier de la Ferrière allait être abandonné dans un méchant village, à la générosité bien douteuse des habitans, lorsque les circonstances y amenèrent, pour en prendre possession, une compagnie de Languedoc commandée par son frère. . . .

Rien ne nous a paru plus propre à faire connaître la vie publique de de M. le colonel la Ferrière que l'article nécrologique publié à sa mort dans le journal de sa province; le voici mot-à-mot (1) :

> « Charles Louis-Marie d'Argiot de la Fer-
> » rière, ancien colonel d'infanterie, chevalier
> » de St. Louis, naquit au château du Villa-
> » Paumencq, diocèse d'Alet, le 2 mai 1740 :
> » sa famille toute militaire et noble de sang
> » et armes, lui obtint dès l'âge de huit ans
> » une lieutenance au régiment de son père.
> » Il acquit par la suite, la réputation d'un
> » officier très-distingué, fut fait chevalier de
> » St. Louis dès 1772 et quand il a cessé d'exis-
> » ter, il était sinon le doyen du moins un des
> » plus anciens chevaliers du royaume.

---

(1) Journal de Perpignan, décembre 1819.

» En 1789, lors de l'assemblée des états
» généraux , M. de la Ferrière fut nommé
» commissaire de la noblesse et contribua à
» la rédaction du cahier des doléances de sa
» province (1).

» En 1790 il fut appelé à gouverner
» les pyrénées orientales en qualité de pré-
» sident de l'administration. Sa fermeté et ses
» vertus rendirent, à cette époque critique,
» des services bien essentiels dont les habitans
» conserveront un souvenir plein de recon-
» naissance.

» Ami de l'ordre et des lois, détestant les
» excès de la révolution , mais partisan de
» la monarchie constitutionnelle , M. de la
» Ferrière ne tarda pas à être persécuté. Les
» représentans du peuple , après lui avoir
» offert le commandement en chef de l'armée
» qu'il refusa, le destituèrent comme noble
» et aristocrate : il serait monté sur l'échafaud
» sans l'appui protecteur du général Dugom-
» mier ; car à cette époque la naissance et la
» modération étaient des crimes.

----

(1) Proces-verbaux des assemblées de la noblesse de Roussillon ,
1789. Imprimerie de Reynier à Perpignan.-

» M. de la Ferrière se retira à Ille où il vécut
» dans l'obscurité jusqu'au 18 brumaire, épo-
» que depuis laquelle il a rempli, dans des
» circonstances bien difficiles, les fonctions
» de Préfet. C'est dans ces circonstances sur-
» tout, que l'on a pu apprécier le citoyen
» honnête, l'administrateur intègre dont nous
» déplorons la perte. Les habitans du dépar-
» tement regretteront toujours celui qui leur a
» été si utile, celui qui a pu servir de modèle
» à ses administrateurs. »

Nous n'ajouterons qu'un mot à ce tableau fidèle de la vie poli-
tique de M. de la Ferrière ; s'il eut le malheur de se laisser un
instant éblouir par les idées de 1789 et les réformes philantro-
piques qu'elles semblaient promettre, il ne fut pas trois mois à
se désenchanter. La représentation nationale, le commandement
des armées et tant d'autres brillantes fonctions qui depuis ont
conduit à la pairie, furent repoussées avec une admirable résolution.
Résistant aux instances des gens de bien qui fondaient sur
lui l'espérance de la tranquillité publique, et bravant la rigueur
du gouvernement des cent jours, il refusa la préfecture des Pyrénées orientales, et se renferma dans les devoirs d'une iné-
branlable fidélité. Le commissaire impérial crut lui devoir une
visite dans le véritable exil qu'il s'était volontairement choisi ; il
y fut accueilli avec toute la dignité d'un homme fort et résolu.

n'êtes-vous donc plus un des patriotes de 1789, lui demandait-il avec véhémence; non, monsieur, répondit le vertueux vieillard, ceux de 1793 m'ont corrigé.

Le 9 janvier 1776, notaire Trulles à Ille, témoins MM. de Grave, de Niort, de Montazels et d'Hélie St.-André, M. de la Ferrière contracta mariage avec Marie Thérèse de Sabater, fille de Messire Joseph de Sabater, chevalier (1); et c'est ainsi que la maison Argiot fut transplantée en Roussillon. Nous ne la suivrons pas dans le grand nombre d'actes publics qui la concernent depuis 1776 jusqu'à l'époque désastreuse où les distinctions sociales furent abolies. Toutes les grosses échappées à l'incendie révolutionnaire de 1793 (2) qui dévora les archives de la noblesse, toutes les minutes que nous avons dû consulter désignent en Roussillon, comme ailleurs, les seigneurs Argiot de la Ferrière sous les qualifications distinctives de la haute noblesse, et s'accordent en cela avec les registres de l'état civil.

L'époque de 1789 et les assemblées de l'ordre de la noblesse pour la nomination de ses députés aux états généraux du royaume, donnèrent lieu encore une fois à tous les chefs de familles nobles, de constater officiellement leur position sociale. De nouvelles preuves fu-

---

(1) Nobiliaire universel de France, tom. 1, page 108

(2) Echo des Pyrénées, rédigé à Perpignan, premier jour, première décade, deuxieme mois de l'an 2 de la république.

rent produites et vérifiées par une commission nommée ad hoc, et l'on peut dire que cette vérification fut en quelque sorte une nouvelle sentence de maintenue d'autant plus respectable, que les arrêts émanèrent non point de traitans ou de commissaires possibles à corrompre, mais de l'ordre de la noblesse lui-même réuni. Or les preuves d'extraction chevaleresque furent produites encore cette fois par M. de la Ferrière, et accueillies par la noblesse du Roussillon le jeudi, 23 avril 1789 (1).

Déjà le 21 janvier, même année, M. de la Ferrière avait signé la déclaration par laquelle la noblesse réunie des trois comtés de Roussillon, Conflent et Cerdagne consentait à supporter les charges de l'état conjointement avec les autres ordres (2).

> « se réservant par exprès les droits sacrés
> » de la propriété et les distinctions indis-
> » pensables dans une monarchie, pour être
> » plus à même de soutenir les droits du peu-
> » ple, le respect dû au souverain et l'autorité
> » des lois. »

La noblesse des trois comtés ajoutait à sa déclaration le remarquable et sage paragraphe suivant, qui prouve jusqu'à l'évi-

---

(1) Procès-verbal dudit jour, signé d'Ortafa, président, Llucia, secrétaire.

(2) Imprimerie de Reynier, à Perpignan, 21 janvier 1789.

dence, combien les philantropes de cette époque étaient loin de s'attendre à la récolte dont, sans le vouloir, ils répandaient la semence.

> » Jamais il n'y a eu moins de liberté que
> » dans les empires où, pour être libre, chacun
> » voulut être égal. Les droits inhérens à la
> » noblesse tiennent à l'essence du gouver-
> » nement monarchique. »

Monsieur de la Ferrière, que ses lumières auraient conduit à la pairie, s'il en eût eu la volonté, mourut modestement à Ille, emportant les regrets universels, laissant entre autres enfans, Jean-Hector-Alexandre d'Argiot vicomte de la Ferrière, chevalier de Malte, dont les preuves furent par nous vérifiées et accueillies. (1)

Le commandeur de Mont-d'Or.
Le commandeur d'Artignosc.
Le chevalier de Ros, Cte des Sts Félius.
Le chevalier de Folin.
Le marquis de Mont-Ferré.

Perpignan le 1er Janvier 1820

---

(1) Minutes de Me Casteillo, notaire royal à Perpignan.

PIUS PP. VII.

Dilecto filio equiti Joanni-Hectori-Alexandro d'Angiot, vice-comiti de la Ferrière.

Dilecte fili, salutem et apostolicam benedictionem. Expositum nobis nuper tuo nomine fuit, quod tu, qui aliàs habitum per fratres milites de justitiâ hospitalis S. Joannis hierosolymitani gestari solitum suscepisti, et professionem per eosdem emitti consuetam expresse emisisti regulares, dein ob rationabiles causas uxorem duxisti; pro eo tamem, quem erga hospitale prœdictum geris, devotionis affectu, crucem auream ejusdem hospitalis gestare posse plurimùm desideras; nobis proptereà humiliter supplicari fecisti, ut tibi in prœmissis opportunè providere, et ut infrà indulgere de benignitate apostolicâ dignaremur. Nos igitur de specialibus favoribus, et gratis prosequi volentes, et à quibusvis excommunicationibus, et interdicto, aliisque ecclesiasticis sententiis, censuris, et pœnis à jure, vel abhomine quavis occasione, vel causâ latis, si quibus quomodolibet innodatus existis, ad effectum presentium duntaxat et consequendum, harum serie absolventes, et absolutum fore cencentes, hujusmodi supplicationibus inclinati, tibi ut crucem auream prœdictam collo appensam pro tuâ devotione tantùm gestare libere, et licitè possis et valeas, auctoritate apostolicâ tenore presentium concedimus et indul-

gemus. Non obstantibus constitutionibus, et ordinationibus
apostolicis, necnon dicti hospitalis etiam juramento, confirma-
tione apostolicâ, vel quavis firmitate aliâ roboratis statutis et
consuetudinibus, stabilimentis, usibus, et naturis, ac ordinationibus capitularibus, privilegiis quoque indultis, et litteris
apostolicis in contrarium proemissorum quomodolibet concessis,
confirmatis, et innovatis; quibus omnibus et singulis illorum
tenores proesentibus pro plenè et sufficienter expressis, ac de
verbo ad verbum insertis habentes, illis alias in suo robore
permansuris, ad proemissorum affectum hac vice duntaxat spe-
cialiter et expressè derogamus, coetérisque contrariis quibuscum-
que. Datum Romæ apud sanctam Mariam majorem sub annul-
lo piscatoris, die XV decembris MDCCCXVIII. Pontificatùs nostri
anno decimo nono.

H. Cᴀʀᴅ. CONSALVUS.

Locus + sigilli.

N.º
3o422

Ill.ᵉ Sig.ʳᵉ Essendomisi ora transmesso dalla segreteria il
breve per il sig.ʳ cav.ʳ Giovanni-Ettore-Alessandro d'Argiot de
la Ferrière, col quale gli si concede di poter fare uso della
croce del S. Ordine Gerosolimitano, quantunque conjugato, lo
trasmetto qui accluso a V. S. che me ne avanzò le premure,
prevenendola che i diritti per la detta segreteria ascendono a
scudi ventitrè, ond'ella si compiaccia d'incaricare qui persona

pel rimborso della detta somma. E con parzialità le auguro dal signore ogni bene.

Roma 4 Gennajo 1819.

Al piacere di V. S.

E. Card. CONSALVI.

Sig.ʳ Vice-Console Pontif.º Gius.ᵉ Ant.º Bianchi.

Tolone (con breve).

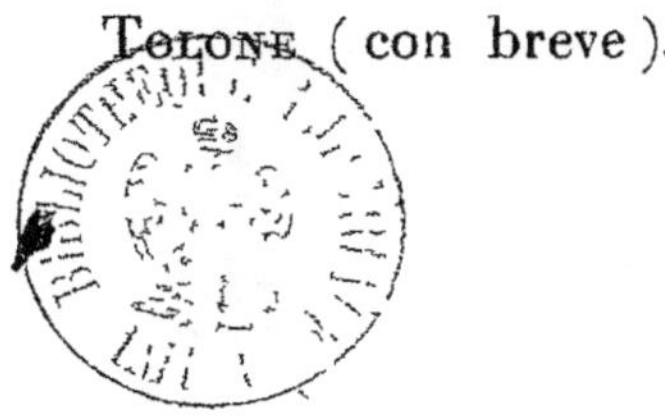

FIN.